Fotos und Texte von

Jean-Luc Bannalec

MAGISCHE BRETAGNE

Kommissar Dupins Landschaften

Kiepenheuer
& Witsch

LICHT UND FARBEN

Vorwort

»*Die* Bretagne gibt es nicht, es gibt viele Bretagnen«, notierte Gustave Flaubert, als er in der Mitte des 19. Jahrhunderts die Region bereiste, und umschrieb damit ein Geheimnis ihrer unendlichen Faszination.

Die bretonischen Landschaften sind von immenser Vielfalt. Reist man über die sich ungestüm in den Atlantik vorwagende zerklüftete Halbinsel, meint man, sich gleich durch mehrere Länder zu bewegen. Eine kurze Strecke genügt, und schon befindet man sich in einer anderen Welt. Auch das Meer weist diese Besonderheit auf, die rund 2700 Kilometer Küste verändern ihre Gestalt unablässig durch die jähen Wechsel des Lichts, der Farben und des Wetters. Ganz zu schweigen von den Verwandlungen durch die Gezeiten: Mal ist ein Strand Hunderte Meter breit, mal gar nicht zu sehen, ganze Landschaften tauchen ab und wieder auf, stetig werden neue gestaltet.

Seit seiner Versetzung ans »Ende der Welt« hat der eigenwillige Kommissar Georges Dupin vom Commissariat de Police Concarneau die beeindruckende Vielzahl dieser so unterschiedlichen bretonischen Landschaften gesehen – und lieben gelernt.

Er stand auf den Gipfeln der mythischen Monts d'Arrée – einem der ältesten Gebirge der Welt –, es verschlug ihn in bizarre Heide- und Moorlandschaften und an wilde, raue Atlantikstrände, vor denen sich Tausende Kilometer weit gereiste Wellen brachen. Er musste zerklüftete, mächtige Klippen und sattgrüne Plateaus überqueren, aber auch einsame windumtoste Ebenen mit hoch aufragenden Meereskiefern. Er sah sanfte türkisfarbene Buchten, karibisch anmutende Traumstrände mit leuchtendem Korallensand – aus der Zeit, als die Bretagne noch auf dem Äquator lag – und fantastische rosa Felsformationen, wie vom Himmel gefallen. Zuweilen verlor er sich in den verwunschenen Tälern des bretonischen Inlands, des »Argoat«, in seinen Feldern und Wiesen, den kleinen Urwäldchen, von Misteln und Efeu bewachsen, und selbstverständlich auch im weltberühmten Artus- und Zauberwald Brocéliande. Er bestaunte das »Weiße Land« aus reinem Meersalz, liebliche Flusslandschaften aus einer anderen Zeit, und reiste trotz ausgeprägter Seekrankheit mit dem Boot zu sagenhaften Inseln und Archipelen.

So vielgestaltig sich die bretonischen Landschaften ausnehmen, immer sind sie von ungewöhnlicher Schönheit, berückend, in einem Wort: magisch. Was nicht zuletzt an zwei bretonischen Wunderdingen liegt: dem Licht und den Farben.

In der Bretagne gibt es – so der Eindruck – mehr Licht als anderswo. Intensiveres Licht. Durch seine außerordentliche Leuchtkraft werden auch die Farben außerordentlich. Es scheint, als wäre das für die Menschen sichtbare Farbspektrum – zwischen Rot, Orange, Gelb, Grün, Blau, Indigo und Violett – hier ungleich breiter gefächert als in anderen Teilen der Welt. Als würde das Licht in endlosen Brechungen auf den immensen Wasserflächen rund um die bretonische Halbinsel feiner zerlegt. Kein Wunder also, dass die Bretagne Maler wie Monet, Gauguin, Boudin, Signac, Picasso und viele andere trunken gemacht hat. »Umgehend«, schwärmte Matisse in einem Brief, »war ich der Leuchtkraft und dem ungeheuer strahlenden Glanz der vielen reinen Farben verfallen! Ich kam von meiner Reise in die Bretagne mit der Leidenschaft sämtlicher Töne des Regenbogens zurück.«

Die Magie ist niemals ein anhaltender Zustand. Sie existiert vielmehr in der glücklichen Fügung radikal flüchtiger, nicht wiederholbarer Momente. Was unmittelbar zur Fotografie führt, denn sie verschreibt sich genau dem: den einzelnen, besonderen Momenten. So auch die Aufnahmen in diesem Buch. Sie versuchen, der Magie der Landschaften in diesem *einen* Augenblick mit der Kamera auf die Spur zu kommen.

Die Bilder schicken uns auf eine kleine fotografische Reise durch die Bretagne. Sie beginnt im Süden, der bretonischen Heimat des Kommissars. Von Concarneau und seiner Umgebung führt sie dann in alle Himmelsrichtungen – ganz wie es Dupins Fälle und Ermittlungen tun.

Ich hoffe, die Fotografien lassen etwas von der einzigartigen bretonischen Magie spürbar werden – und wecken in Ihnen die Lust, auf Reisen zu gehen, um sie unmittelbar selbst zu erleben.

Sehr herzlich
Ihr Jean-Luc Bannalec

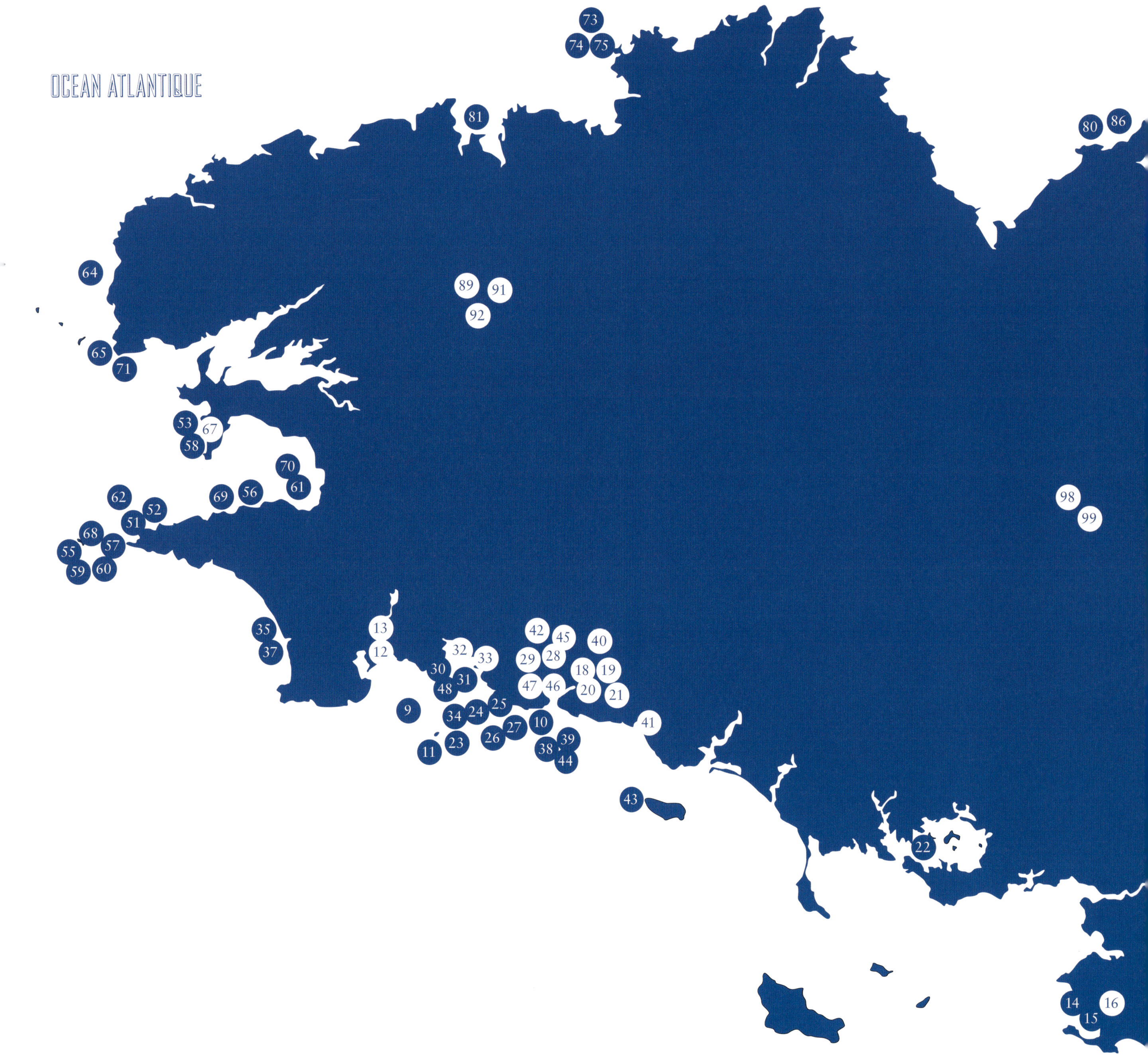
OCEAN ATLANTIQUE
73
74
75
81
80
86
64
89
91
92
65
71
53
67
58
70
61
62
52
69
56
51
68
57
55
59
60
35
37
13
12
32
33
30
31
48
9
34
24
25
23
11
26
27
10
42
45
40
29
28
18
19
47
46
20
21
41
38
39
44
43
98
99
22
14
15
16

LE SUD
DER HELLE, STRAHLENDE SÜDEN

Von Kommissar Dupins Heimat Concarneau
über den Golfe du Morbihan bis zur Guérande-Halbinsel

S. 8–49

LE NORD
DER SPEKTAKULÄRE NORDEN

Von der Côte de Granit Rose über Saint-Malo
bis zur Baie de Cancale

S. 72–87

L'OUEST
DER FANTASTISCHE, WILDE WESTEN

Von der Pointe de la Torche
über die Île de Sein bis zu Le Conquet

S. 50–71

L'ARGOAT
DAS MYSTISCHE INLAND

Von den Monts d'Arrée bis zum
Forêt de Brocéliande

S. 88–99

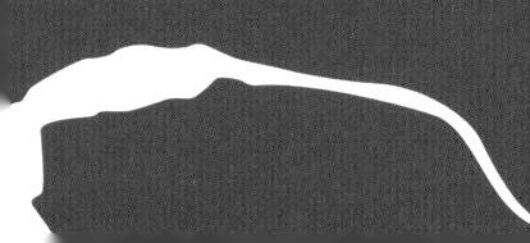

LE SUD
DER HELLE, STRAHLENDE SÜDEN

Von Kommissar Dupins Heimat Concarneau über
den Golfe du Morbihan bis zur Guérande-Halbinsel

9

Île aux Moutons

10
Île Raguénez

11
Auf den Glénan-Inseln

12
Sainte-Marine, rechts das *Café du Port* von Dupins Freund Henri

»Vier Minuten später stellte Dupin den Motor bereits wieder ab. Nur wenige Schritte vom *Café du Port* entfernt, das direkt am steinernen Quai von Sainte-Marine lag. Der alte Dorfkern des hübschen Ortes lag in einer sanft geführten Bucht am Ufer des Odets, der hier fast schon Meer war, einen halben Kilometer breit, den Gezeiten unterworfen, ganz nah schon dem offenen Atlantik. Weiden und Kastanien säumten ihn, Kamelien, wilder Jasmin, ein paar buschige Palmen – eine typisch bretonische Szenerie also –, eine alte Kapelle, pittoreske Fischerhäuschen. Der feine Kiesstrand der kleinen Bucht erstreckte sich bei Ebbe fast bis zum *Café du Port*.

Dupin hatte die Bar und das Restaurant schon immer gemocht; alles war einfach, schlicht, aus Holz, alles in den atlantischen Grundfarben gehalten: Blau, Weiß, Rot. Es gab hier – neben dem *Amiral* – den besten *café* der Gegend.«

Bretonische Brandung

13

Ebbe in Sainte-Marine

14
Le Croisic auf der Guérande-Halbinsel

15
Inselchen im Meer vor Le Croisic

Die Salzgärten – Gwenn Rann, das »Weiße Land« – auf der Guérande-Halbinsel

»Dupin liebte Port Belon, den verwunschenen, irgendwie aus der Zeit und Welt gefallenen winzigen Ort. Seinen Charme, seine Patina, sein Flair. (...) Es war noch Ebbe, tiefe Ebbe, der Belon war jetzt wirklich ein Fluss, man sah die Strömung Richtung Meer. Große Flächen lagen zu beiden Seiten frei, Sand und Schlick, die die Sonne grell spiegelten. Ausgedehnte unruhig blitzende Landschaften entstanden. Traumartige schwarz-weiße Szenerien, das gleißende Licht blendete so sehr, dass es der Landschaft die Farben nahm. Hunderte Künstler hatten diese unvergleichliche Natur festgehalten. Als bizarre dunkle Schatten sah man von hier aus, was den zauberhaften Ort seit dem 19. Jahrhundert so berühmt gemacht hatte, legendär, musste man sagen, nicht nur in der Bretagne und Frankreich, sondern überall auf der Welt: die Austernparks. Die weitläufigen Austernparks, die bei Flut im Wasser versanken.

Port Belon war – neben Cancale im Norden – das Mekka der Austern, der ›Huîtres‹, und der Kunst ihrer Zucht und Veredelung, der ›Ostréiculture‹. Die bretonische Austernzucht war hier überhaupt erst entwickelt worden und die Belon-Austern auf der ganzen Welt ein Mythos; in den besten Bars und Restaurants schlürfte man sie, in Tokio, in New York, in Rom, in London, natürlich in Paris. Hier kamen sie her.«

Bretonischer Stolz

Austernbänke im Belon bei Lanneguy

19
Auf dem Fluss bei Port Belon

Ein Garten in Port Belon – Die Mündung des Belon

21
Mündung des Belon

22

Golfe du Morbihan, bei der Île-aux-Moines

23
Am Horizont das Glénan-Archipel

24
Pointe de Trévignon, der kleine Hafen und der Leuchtturm

26
Der Hafen von Trévignon, Küstenfischerei

27
Pointe de Trévignon, Stimmung bei Sonnenuntergang

28
Rosbras, am Aven (vor Maries *Bistrot de Rosbras*)

29
Der Aven bei Kerdruc

30
Baie de Concarneau

31
Baie de Concarneau, Blick auf die Küste von Beg Meil

Concarneau und das *Amiral*, vom Fischereihafen aus gesehen

»Concarneau, die prächtige ›Blaue Stadt‹, wie sie ob der leuchtend blauen Fischernetze, die im letzten Jahrhundert die Quais gesäumt hatten, noch heute hieß, strahlte. Kommissar Georges Dupin saß im *Amiral*, ganz am Ende der Bar, wie immer die Zeitung vor sich ausgebreitet. Die runde Uhr über dem schönen alten Gebäude der Markthalle, wo man täglich fangfrisch kaufen konnte, was den hiesigen Fischern in den sehr frühen Morgenstunden ins Netz gegangen war, zeigte 7 Uhr 30. Das traditionsreiche Café und Restaurant, das früher auch ein Hotel gewesen war, lag direkt am Quai, gegenüber der berühmten Altstadt.«

Bretonische Verhältnisse

L'Amiral, Kommissar Dupins zweites Zuhause, davor die Sonnenuhr am Eingang zur Ville Close

34
Quaimauer an der Pointe de Trévignon

35
Pointe de la Torche, Hinterland

»Hatte heute selbst an der schroffen Pointe du Raz nur eine schwache Brise geweht – an den kleinen Buchten von Beg Meil nicht einmal das –, so blies hier ein steifer Wind. Kräftig und erstaunlich gleichmäßig. Er kam direkt vom Meer, und er trug das Meer mit sich: Salz, Jod und Tang, jeder Atemzug war getränkt davon.

Der eigentliche Star des Abends aber waren die Wellen. Vier, fünf Meter hoch aufragend, schon weit draußen zu sehen, wo sie ein erstes Mal brachen, sich neu formierten, um schließlich in einem langen Lauf auf den Strand zuzukommen, vor dem sie ein zweites Mal brachen. (…)

Die Sonne war mittlerweile zur Hälfte am Horizont verschwunden. Weit draußen erhoben sich zwei besonders imposante Wellen, Dupin konnte erkennen, wie sich unter den Surfern eine freudig-nervöse Aktivität ausbreitete.

Die erste der beiden Wellen würde sie gleich erreichen, sie begannen mit den Armen zu paddeln, Geschwindigkeit aufzunehmen. Die Surfer stellten sich auf, beinahe synchron, bis auf einen erwischten sie die Welle alle. Es war ein beeindruckendes Schauspiel. Einzelne Abschnitte der Welle kollabierten und rasten doch – mit sich beständig neu überschlagender Gischt – weiter, andere Abschnitte blieben intakt. Tollkühn und zugleich unglaublich elegant glitten die Surfer durch das wilde Chaos der unbändigen Kräfte um sie herum.«

Bretonisches Vermächtnis

37
Strand an der Pointe de la Torche

38
Raguénez

39
Île Raguénez

40
Der Belon bei Kergoulouët

41
Die Mündung der Laïta bei Le Pouldu

42
Der Aven bei Le Hénan

43
Île de Groix, von Raguénez aus gesehen

44
Île Raguénez

45
Spiegelung auf dem Belon bei Rosbras

»Port Manech war der schönste Ort der Küste, fand Dupin. In einer geschützten Bucht flossen der Aven und der Belon ins Meer, vom kleinen Strand gegenüber den Mündungen konnte man beide Flüsse sehen – oder hinaus auf den offenen Atlantik. Ein Dutzend hohe Bilderbuchpalmen standen im blendend weißen, feinen Sand, das Meer war türkisfarben, ganz sanft führte der Strand ins Meer. Gegenüber, dort, wo der Belon mündete, war die Küste dagegen felsig, Klippen ragten auf, zwanzig, dreißig Meter hoch. Sie waren mit Gras in allen Grüntönen bewachsen und erinnerten ein wenig an Irland. Die Hügel waren höher als in Pont-Aven, vor allem fielen sie beeindruckend steil zum Meer ab, sodass die Straßen in einem abenteuerlichen Gefälle hinunter zum Strand und Hafen führten und den Ort dreiteilten: das Port Manech auf dem Plateau oben, das am Hang mit den prächtigen Villen und das Port Manech unten am Wasser. Dupin mochte besonders den kleinen, gemütlichen Hafen.«

Bretonische Verhältnisse

46
Kerfany-les-Pins, Blick auf Port Manech

47
Bei Port Manech

48
Baie de Concarneau, Sonnenuntergang über Beg Meil

L'OUEST
DER FANTASTISCHE, WILDE WESTEN

Von der Pointe de la Torche über die Île de Sein
bis zu Le Conquet

51
Cap Sizun, bei Kermeur, Phare de la Vieille

53
Bei Lostmarc'h, Halbinsel von Crozon

55
Île de Sein, Quai Nord

56

Strand an der Pointe du Millier, Blick auf das Ende der Bucht von Douarnenez

57
An der Pointe du Raz

58
Plage de Lostmarc'h, Halbinsel von Crozon

»›Die Insel ist nicht von dieser Welt, Chef. Aber wundervoll. Frankreich ist weit weg, viel weiter als die neun Kilometer, die es faktisch sind, Sie werden es merken. Ein kleiner, felsiger Landklecks im offenen Ozean, in der Form eines ›langschwänzigen Fabeltieres‹, sagt man, das den Urgewalten des Atlantiks trotzt. Zweieinhalb Kilometer lang gezogen, an manchen Stellen nur fünfundzwanzig Meter breit, ganz flach, keine zwei Meter über der Flutlinie, sodass bei echten Stürmen gigantische Wellen über die Insel rollen und sie vollständig unter Wasser setzen. Insgesamt nicht einmal ein Quadratkilometer. Rau, karg, wild, einsam. Ich liebe Sein und seine Menschen‹, Riwal klang, als redete er über eine andere Spezies. Über einen anderen Planeten. ›Eine Insel der Zauberkräfte, mit einer extremen Aura, auch das werden Sie spüren, manchen flößt sie Angst ein‹, ein tiefer Respekt sprach aus Riwal.«

Bretonische Flut

60
Île de Sein

Im Hafenbecken von Douarnenez

Cap Sizun, bei Kermeur, Phare de la Vieille

64
Das Meer bei Porspoder

65
Blick von der Pointe Saint-Mathieu auf den offenen Atlantik

»Wurde die Bretagne ohnehin mit betörendem Licht bedacht, so steigerte es sich, auch wenn das kaum möglich schien, in diesen Tagen noch einmal auf magische Weise. Um halb elf erst ging die Sonne unter, und auch danach blieb für eine ganze Weile strahlendes Licht in der Atmosphäre, war der Horizont über dem Atlantik noch deutlich zu sehen, zugleich bereits die helleren Sterne. Beinahe bis Mitternacht hielt sich das ›astronomische Dämmerlicht‹, wie es genannt wurde, dann vereinten sich Meer und Himmel in völligem Dunkel. So viel Licht – es machte einen ganz trunken. Tage, die Dupin liebte. (…)

Der Himmel gegen Westen schimmerte noch, wenn auch nur schwach. Das letzte Licht. Ein dunkles Glimmen, ein Schwarzblau, noch kein Schwarz. Das Meer aber war ungleich heller als der Himmel. Auch wenn es eigentlich nicht sein konnte. Dupin hatte das Phänomen schon ein paarmal beobachtet in den letzten Jahren, hingegen noch nie so ausgeprägt wie heute. Das Wasser in der Bucht strahlte, leuchtete. Das Licht kam von unten, eindeutig. Als wäre das Meer selbst eine Lichtquelle. Als hätte es das Licht des Tages gespeichert. Ein helles Schimmern und Glänzen.«

Bretonische Flut

67
Plage de Goulien, Halbinsel von Crozon

Meerespassage zwischen der Pointe du Raz und der Île de Sein, Phare de la Vieille

69

Die Pointe du Millier in der Bucht von Douarnenez

»Dicke Autoreifen hingen als Poller für die Boote an Seilen herab. Einige Angler versuchten in diesen frühen Stunden bereits ihr Glück. Drei hübsche Fischerboote, mehrfach vertäut, sie trugen die Namen *Vag-A-Lamm*, *Ar Raok* und *Barr Au*. So hatten die Fischerboote in Filmen ausgesehen, die Dupin als Kind gesehen hatte, so hatten sie die Maler in Pont-Aven gemalt. Aus Holz, das eine in hellem Türkis, kräftigem Gelb und unten ein Paprikarot, das andere die obere Hälfte knallrot und die untere atlantikblau, das dritte in verschiedenen Grüntönen, vom Dunklen ins Helle, und an der Wasserlinie grellweiß. Nichts war beliebig bei der Farbwahl. Jeder Fischer, jedes Unternehmen wählte die Farben und Kombinationen selbst, wusste Dupin, eine richtiggehende Signatur, möglichst auffällig, markant, so waren sie auf See schon von Weitem zu identifizieren.«

Bretonische Flut

70

Fischerboot im Hafen von Douarnenez

Pointe Saint-Mathieu, die Chapelle Notre Dame de Grâce

LE NORD
DER SPEKTAKULÄRE NORDEN

Von der Côte de Granit Rose über Saint-Malo
bis zur Baie de Cancale

Trégastel, Côte de Granit Rose

Der Strand Grève Blanche, Trégastel, Côte de Granit Rose

»Es sah aus, als wären die bizarren Steine buchstäblich vom Himmel gefallen. Als wäre ein Schauer von eigentümlichen Meteoriten wild verteilt niedergegangen. Rosa Wunderbrocken, rätselhafte Zeugnisse und Zeichen. Massig waren sie, aber zugleich wirkten sie beinahe schwerelos, schwebend. Als könnte sie der nächste Windstoß forttragen. Eine magische Szenerie – augenblicklich verstand man, warum große Schriftsteller und Maler, darunter viele Freunde Gauguins, verrückt nach diesem Fleckchen Erde gewesen waren.«

Bretonisches Leuchten

Île Renote, Blick auf Ploumanac'h, Côte de Granit Rose

76
Saint-Malo, Môle des Noires

Saint-Malo, von Dinard aus gesehen, und Dinard durch die Stadtmauern von Saint-Malo

Austernstände am Strand von Cancale

res SIMON
1.00€ pour
0.50€ le citron

Îlot Saint-Michel bei La Moinerie, nicht weit vom Cap Fréhel

81
Bei Carantec, Spiegelung

»Die Sonne war mittlerweile zu einem weißgelblichen, beinahe unscheinbaren Ball zusammengeschrumpft. Es gab Abende, an denen sie sich beim Untergehen zu einem spektakulären lodernden Feuerball entwickelte – und solche, an denen sie seltsam klein wurde, ohne dramatische Farben oder Tönungen. Kein Rot, kein Pink, kein Orange. Nur der Himmel unmittelbar um sie herum hatte sich leicht rosa gefärbt, ein bescheidener Effekt. Der Rest des Himmels schimmerte blass bläulich. Es machte den Eindruck, als wollte die Sonne sich heute vornehm zurückhalten. Den anderen Stimmungen der Dämmerung Raum geben. Dem Nachlassen des Lichtes, dem Verschwinden der Farben, der Ausbreitung der Schatten und Verdunkelungen, man konnte es Minute für Minute beobachten.«

Bretonisches Vermächtnis

Sonnenuntergang bei Rothéneuf, einem Stadtteil von Saint-Malo

83
Petit Bé, Inselchen vor Saint-Malo

84
Dinard, Plage de l'Écluse

Blick von der Pointe du Décollé in Saint-Lunaire zum Cap Fréhel – Boote am Strand von Saint-Lunaire

86
Sandstrand in Sables-d’Or-les-Pins

Die Bucht von Cancale bei Ebbe, Austernbänke

L'ARGOAT
DAS MYSTISCHE INLAND

Von den Monts d'Arrée bis zum Forêt de Brocéliande

Die Monts d'Arrée

»Die Monts d'Arrée, das ›bretonische Gebirge‹, bildeten die Grenze zwischen dem südlichen und dem nördlichen Finistère. Dupin erinnerte sich, wie überwältigt – und vor allem: bass erstaunt – er gewesen war, als er das erste Mal hindurchgefahren war, die D 785 nach Morlaix hoch, wegen irgendeiner bürokratischen Lappalie. Niemals hätte er eine solche Landschaft in der Bretagne erwartet. Durch schwarze Tannenwälder führte die Straße, bis sich mit einem Mal eine andere Welt auftat: Sanfte, von der Witterung gerundete Bergrücken aus Granit und Sandstein – die ›Menez‹ – wechselten sich mit roh zerklüfteten Kämmen, schroffen Quarzfelsen, abenteuerlich verrenkten Steinformationen ab, den ›Rocs‹. Ein paar weiträumige Plateaus gab es zudem. Es sah aus, als wäre der Boden brutal aufgeplatzt, die ›Rocs‹ ragten hoch auf, stachen aus einer kargen Landschaft mit Heidekraut, Stechginster, Farnen, Moosen, sagenumwobenen Quellen, Bächen und Mooren hervor. Einzelne abgelegene Kapellen hier und dort, selbst Gegenstand mannigfaltiger Geschichten. Verstreut rätselhafte Menhire.«

Bretonischer Stolz

91
Monts d'Arrée, Roc'h Trévezel

Monts d'Arrée, Blick vom Roc'h Trévezel auf den Stausee Réservoir de Saint-Michel

Spiegelung auf dem Miroir aux Fées im Val sans retour, Forêt de Brocéliande

Forêt de Brocéliande (oder: Forêt de Paimpont), bei Le Tréhorenteuc

»Und mit einem Mal war der Blick frei. Da lag er, der berühmte Wald. Auf flachen, sanft geschwungenen Hügelkuppen. Imposant, dicht, undurchdringlich, schwer. Trotzig auch. Ein dunkler Hauch umwehte ihn, nicht direkt abweisend, aber auch nicht freundlich. Er schien alles Licht zu schlucken. Die zum Wald leicht ansteigenden Wiesen und Felder hingegen lagen im hellen Sonnenlicht. Das Gras ein grelles, fast blendendes Grün. Sie gehörten eindeutig der gewöhnlichen Welt an, waren real, ganz diesseitig. Was man von dem Wald, wenn man ihn so sah, nicht mit Sicherheit hätte sagen können.

Dupin schüttelte den Kopf. ›Blödsinn‹, sagte er laut. Wahrscheinlich hatte er einfach schon zu viele Geschichten über den großen Zauberwald gehört.

Es war ein Wald. Nur ein Wald. Mehr nicht.«

Bretonische Geheimnisse

L'Arbre d'or, der »Goldene Baum«, im Forêt de Brocéliande

Blick aus dem Château de Comper auf den Lac de Viviane – Im Forêt de Brocéliande

97
Der sagenumwobene Lac de Viviane im Forêt de Brocéliande

Die Campagne bei Loudéac

Rapsfelder bei Loudéac, Gewitterstimmung

IMPRESSUM

3. Auflage 2022

Umschlag: Die Pointe du Millier in der Bucht von Douarnenez (Schutzumschlag)
Blick von der Pointe du Décollé in Saint-Lunaire zum Cap Fréhel (Bezug)
Fotos: © Jean-Luc Bannalec
Layout: Huelsenberg Studio, Berlin
Gesetzt aus der Monotype Sabon
Druck und Bindung: Mohn Media Mohndruck GmbH, Gütersloh
ISBN 978-3-462-05297-8